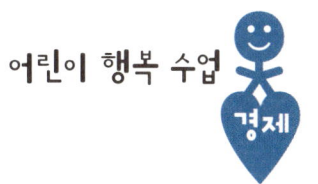

어린이 행복 수업
경제

돈이 많으면 행복할까?

글 박현희 그림 김민준

웅진주니어

차례

1장 돈은 어떻게 생겨났을까?

우리들의 이야기 | 나눔 장터 쿠폰을 발행하다 6
평생 돈을 안 쓰고 산 사람도 있을까? 8 | 돈은 어떻게 변해 왔을까? 10 |
외국에서도 우리나라 돈을 사용할 수 있을까? 12 |
은행은 어떤 기준으로 외국 돈을 바꾸어 줄까? 14
행복 의자 | 현상 수배 포스터로 변한 금화 15

2장 가격은 누가 정할까?

우리들의 이야기 | 쿠폰이 너무 많아도 문제다 18
왜 물은 싸고 다이아몬드는 비쌀까? 20 | 세상에서 가장 비싼 색깔은? 22 |
세상에서 가장 비싼 꽃은? 24 | 돈다발로 쌓기 놀이를 한다고? 26
행복 의자 | 땡전 한 푼 없다 27

3장 소비를 통해 세상과 만난다

우리들의 이야기 | 세상에서 가장 멋진 축구공 30
세상을 돌고 돌아 내게로 온 스웨터 32 | 못생긴 귤을 장바구니에 담자 34 |
휴대 전화 때문에 고릴라가 죽어 간다고? 36 | 우리 동네 작은 가게 38
행복 의자 | 착한 초콜릿 39

4장 돈이 많으면 행복할까?

우리들의 이야기 | 청바지가 잘 어울리는 소녀 42

사람의 욕심은 끝이 없다고? 44 | 돈을 아껴 쓰는 것은 시간을 소중하게 쓰는 것 46 |
지갑을 열기 전에 생각해야 할 것 48 | 돈이 행복의 열쇠는 아니다 50

행복 의자 | 만지는 것마다 금이 된다면? 51

5장 광고를 보면 사고 싶어!

우리들의 이야기 | 해골 무늬 팔 토시의 비밀 54

드라마를 만드는 돈은 어디에서 나올까? 56 | 광고를 하는 데 드는 돈은 누가 낼까? 58 |
광고만 광고가 아니라고? 60 | 애니메이션에 숨어 있는 광고 전략 62

행복 의자 | 착한 광고 이야기 63

6장 돈에는 책임이 따른다고?

우리들의 이야기 | 행운을 나누는 장터 66

사방 백 리 안에 굶어 죽는 사람이 없게 하라 68 |
돈으로 모든 것을 해결할 수는 없다 70 |
가난은 누구의 책임일까? 72 |
모두가 행복한 나라를 꿈꾸며 74

행복 의자 | 기부를 통해 더 행복해지기 75

세상에서 가장 쓸모 있으면서도 동시에 가장 쓸모없는 것이 무엇일까요?
바로 돈 아닐까요? 돈이 있으면 무엇이든 살 수 있고, 무엇이든 할 수 있지요.
하지만 사막이나 산속에서 조난을 당했다면 어떨까요? 주머니 가득 돈이 있어도
아무 소용이 없어요. 왜 사람들은 쓸모도 없는 것을 돈이라고 정했을까요?
쌀이나 옷감처럼 정말 쓸모 있는 것을 돈으로 정하지 않은 이유는 뭘까요?

나눔 장터 쿠폰을 발행하다

미래 초등학교 4학년 1반 친구들은 매달 아주 특별한 일을 벌이기로 마음먹었어요.

아주 특별한 일이 뭐냐고요? 매달 나눔 장터를 열기로 한 것이지요. 나눔 장터를 열어서 자기에게는 필요 없지만 다른 사람에게는 유용할 것 같은 물건들을 교환하기로 했어요. 그런데 1차 나눔 장터를 열고 보니 미처 예상하지 못한 문제가 생겼어요.

"나는 진짜 재미있는 만화책을 가지고 왔어. 이 만화책이랑 축구공 바꿀 사람?"

준영이가 이렇게 외치면서 보니까 저쪽에 현호가 축구공을 가져왔네요.

"현호야, 내 만화책이랑 그 축구공 바꿀래?"

"나는 만화책 안 돼. 그거 갖고 가면 엄마가 싫어하셔."

민지는 가방을 가져왔어요. 새 가방을 선물 받았기 때문에 이 가방은 이제 필요가 없어졌거든요. 이 가방을 청바지와 바꾸고 싶어요.

"현정아, 그 청바지랑 내 가방이랑 바꿀래?"

"민지야, 미안한데 나는 승현이가 가져온 책이랑 바꾸고 싶어."

그 말을 듣고 승현이는 난감한 표정을 지었어요.

"어쩌지? 나는 청바지가 필요 없는데……."

이렇게 서로 바꾸고 싶은 물건들이 딱 맞지 않으니 장터는 엉망진창이 되어 버렸죠. 나눔 장터 운영 위원들은 1차 나눔 장터가 끝난 뒤 대책 회의를 열었어요.

"어떻게 하면 바꾸고 싶은 물건들이 맞아떨어지지 않아도 물건을 바꿀 수 있을까?"

"진짜 시장에서처럼 우리도 돈으로 사고팔면 되지 않을까?"

"좋은 생각이긴 하지만 돈을 주고받는 것은 학급의 나눔 장터에는 별로 어울리지 않는 것 같아."

운영 위원들은 길고 긴 회의 끝에 정말 좋은 생각을 해냈어요. 나눔 장터 쿠폰을 발행하기로 한 거예요.

한 달이 흘러 오늘 2차 나눔 장터가 열렸어요. 각자 가지고 온 물건을 내고 쿠폰을 받았지요. 그리고 쿠폰을 내고 물건을 고르도록 했더니, 물건은 대부분 새 주인을 찾아갔어요.

평생 돈을 안 쓰고 산 사람도 있을까?

어떤 사람이 돈 한 푼도 없이, 한 번도 돈을 써 보지 않고 평생을 살았다는 얘기를 들었어요. 어떻게 생각하나요? '헉, 그 사람 너무 불쌍해. 너무 가난한 거 아냐?' 하는 생각이 들었나요? '정말 그렇게 사는 일이 가능할까?' 하는 궁금증이 생겨났나요? 우리 생활과 돈은 너무 밀접하게 관련되어 있기 때문에 우리는 돈 없이 사는 생활을 상상하기 어렵답니다.

하지만 이 사람이 삼국 시대 백제의 한 마을에 사는 사람이라면 어떨까요? 보통 사람들이 물건을 사고팔 때 돈을 사용하게 된 것은 조선 시대 후반이 되어서야 가능한 일이었답니다. 그러니까 그 이전 시대에 살던 사람들은 돈 한 푼 안 쓰고 평생을 사는 것이 아주 당연한 일이었지요.

옛날 사람들은 대체로 자신이 필요한 물건은 스스로 생산했습니다. 집이 필요하면 스스로 집을 짓고, 먹을 것이 필요하면 농사를 짓거나 사냥을 했지요. 그렇다고는 해도 필요한 물건을 모두 스스로 마련하기는 어려웠을 거예요. 그럴 때는 생산한 물건 중에 남는 것을 가지고 장에 나가서 필요한 물건과

바꾸었어요. 우리 집은 땔감이 많고 돌쇠네는 옷감이 많다면 땔감과 옷감을 맞바꾸었지요. 이렇게 물건과 물건을 직접 교환하는 것을 물물 교환이라고 해요.

물물 교환을 하다 보니 이모저모 불편한 점이 있었어요. 우리 집은 옷감이 필요하지만, 돌쇠네는 땔감이 필요 없고 생선이 필요하다면 어떻게 하지요? 그러면 생선을 땔감과 바꿀 집을 찾고, 그 다음에 생선과 옷감을 바꿔야 하니 참 복잡하지요? 게다가 땔감은 부피가 크고 무거워서 먼 거리까지 운반하기가 곤란하고, 생선은 쉽게 상하기 때문에 거래에 오랜 시간이 걸리면 안 된다는 문제까지 겹치니, 너무 어렵네요.

그래서 사람들은 거래를 할 때 기준이 되는 뭔가가 있으면 좋겠다는 생각을 하기 시작했어요. 이때 거래의 기준이 되는 것은 모든 사람에게 필요한 것, 쉽게 변질되지 않는 것, 너무 부피가 크거나 무게가 많이 나가지 않는 것이라면 좋겠지요? 이런저런 조건들을 갖추고 있으면서 거래의 기준으로 등장하게 된 것이 소금이나 쌀, 비단과 같은 것들이었어요. 하지만 이런 것들도 정도의 차이는 있지만 변질되고 무겁기는 마찬가지였지요.

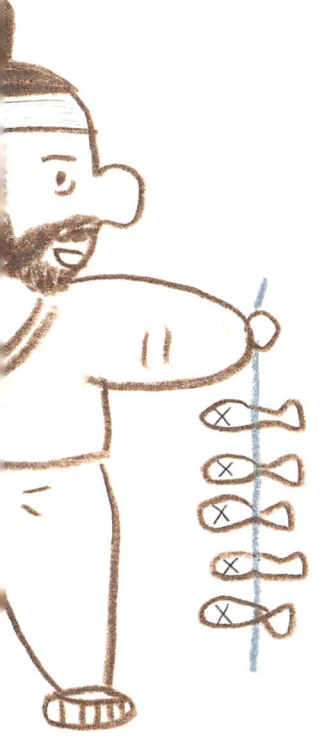

 ## 돈은 어떻게 변해 왔을까?

 더 좋은 방법이 없을까? 사람들은 계속해서 생각하고 계속해서 새로운 시도를 했어요. 그러면서 돈이라는 것을 만들어 냈지요. 처음에는 금이나 은, 구리를 무게를 재서 이용하다가 나중에는 일정한 모양으로 금화, 은화, 동화를 만들어 냈어요. 따로 무게를 재 보지 않아도 동전의 모양을 보고 얼마만큼의 가치를 가진 것인지를 한눈에 알 수 있어서 아주 편리했어요.

 돈이 생겨났다고 해서 처음부터 많은 사람이 사용한 것은 아니었어요. 하지만 사용해 보니 정말 편리했기 때문에 시간이 흐르면서 점점 더 많은 사람이 돈을 사용하게 되었지요.

 돈을 사용하면서 거래가 편리해지자 돈을 사용하지 않을 때에 비해 거래가 훨씬 늘어났어요. 거래를 해서 필요한 것을 구하면 스스로 생산할 때에 비해서

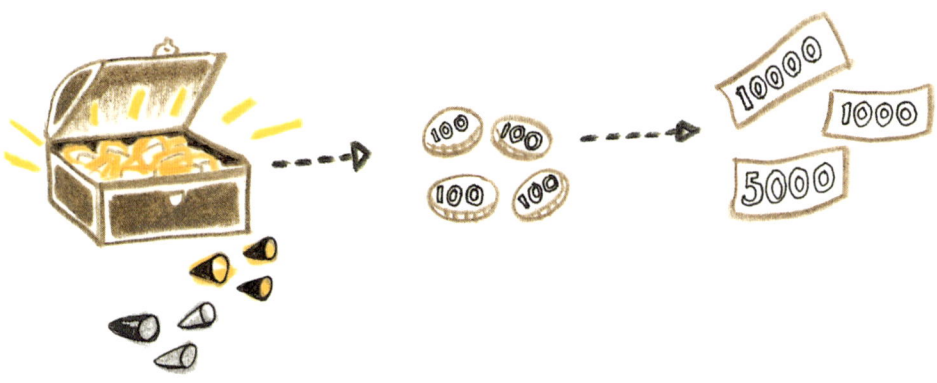

미리 낼까, 나중에 낼까?
교통 카드에는 미리 돈을 충전해 두고 사용하는 충전식 카드와 일단 사용한 뒤 나중에 사용한 만큼 돈을 지불하는 후불식 교통 카드가 있어요. 후불식 교통 카드는 지금 당장 돈을 내지 않아도 버스나 지하철을 이용할 수 있지요. 카드를 발급한 회사에서 사용하는 사람을 믿고 돈을 빌려 주는 거예요.

좋은 점이 많았거든요. 예를 들어 자기가 잘 생산하는 품목만을 집중해서 생산하면 이것저것 생산할 때보다 훨씬 능률이 오르기 때문에 생산량이 늘어나요. 또 자기가 필요한 만큼만 사용하고 나머지는 팔아서 다른 물건들을 사면 되니까 더 풍족하게 살 수 있지요.

거래가 점점 늘어나자 더 많은 돈이 필요했기 때문에 금이나 은으로 만든 동전만으로는 부족해졌어요. 게다가 큰 거래를 위해서는 아주 많은 동전이 필요했을 텐데, 어때요? 무거웠겠죠? 궁리를 거듭한 끝에 사람들은 종이로 돈을 만들었어요. 이게 바로 지폐예요.

그런데 요즘은 동전이나 지폐 말고도 돈처럼 사용하는 것이 또 있지요? 어른들은 마트에 가면 돈 대신 신용 카드를 이용해서 물건을 구입하지요. 돈은 아니지만 돈처럼 쓰이는 이 카드는 플라스틱으로 만들어졌기 때문에 플라스틱 머니라고 부르는 사람들도 있어요.

외국에서도 우리나라 돈을 사용할 수 있을까?

한국 | 원

남태평양의 야프 섬에 사는 사람들은 돌덩어리를 돈으로 사용한다네요. '헛, 세상에 널리고 널린 게 돌인데, 지금 저 돌들을 싸 들고 그 나라로 가 볼까?' 하는 생각에 엉덩이를 들썩이고 있나요? 하지만 사고 치기 전에 잠깐 멈추세요.

돌이라고 해서 아무 돌이나 다 돈이 되는 것은 아니에요. 그곳에서 사용하는 돌은 거의 집채만 한 돌덩어리랍니다. 그렇게 큰 돌덩어리를 구하기도 쉽지 않겠지만 비행기에 실어 주지도 않을 테니 우리나라의 돌을 짊어지고 그리로 가서 큰 부자로 살겠다는 헛된 꿈은 접는 것이 좋겠어요.

돌을 돈으로 사용하는 것은 너무 이상하다고요? 하지만 야프 섬 사람들이 보면 종이에 그림을 인쇄해서 돈이라고 하거나 플라스틱 쪼가리를 돈처럼 사용하는 우리가 더 신기해 보이지 않을까요? 돈은 사람들이 거래를 편리하게 하기 위해 만든 약속일 뿐이에요. 그러니까 그것이 무엇이든 사람들이 돈이라고 정하면 돈으로 쓸 수 있는 거예요.

돈은 한 사회가 정한 약속이기 때문에 다른 사회에 가면 다른 약속이 있겠지요? 대체로 나라마다 약속이 달라요. 그래서 우리나라 돈을 가지고 외국에 가면 사용할 수 없어요. 외국에 간다면 그 나라의

태국 | 바트

방문하려는 나라가 아프리카 짐바브웨라면?

은행에는 짐바브웨 돈도 준비해 두었을까요? 대개의 경우에 사람들이 많이 찾는 돈만 갖추어 놓기 때문에 짐바브웨 돈을 우리나라에서 직접 구하기는 어려울 거예요. 일단 은행에서 달러나 유로처럼 세계적으로 널리 사용되는 돈으로 바꾼 뒤 짐바브웨에 가서 다시 그 나라 돈으로 바꾸어야겠지요.

약속에 맞추어 그 나라 돈을 사용해야 해요.

우리 가족이 일본에 가려고 해요. 그런데 우리 집에는 우리나라 돈밖에 없네요. 어떻게 해야 할까요? 은행에서는 우리나라 돈을 외국 돈과 바꿔 주는 일을 하고 있어요. 그러니까 우리나라 돈을 가지고 은행에 가서 일본 돈으로 바꾸면 돼요.

영국 | 파운드

벨기에 네덜란드 핀란드 프랑스 독일 아일랜드 이탈리아 룩셈부르크 포르투갈 스페인 그리스 슬로베니아 사이프러스 몰타 슬로바키아 오스트리아

유럽 연합 | 유로

러시아 | 루블

일본 | 엔

은행은 어떤 기준으로 외국 돈을 바꾸어 줄까?

우리나라 돈은 외국 돈으로 환산했을 때 그 가치를 얼마로 해야 할까요? 이 문제를 해결하기 위해서 환율이 필요해요. 환율이란 '외국 돈과 우리 돈의 교환 비율'을 말해요. 원 달러 환율이라고 한다면, 1달러와 교환하기 위해 필요한 원화가 얼마인가를 표시한 것이에요. 예를 들어 원 달러 환율이 1,200원이라면 1달러와 1,200원이 맞교환될 수 있다는 말이지요.

은행에 가면 전광판에 오늘의 환율이 표시되어 있어요. 우리는 그것을 보고 외국 돈의 가격을 알 수 있어요. 하지만 그렇다고 해서 외국 돈의 가격을 은행에서 정하는 것은 아니에요. 은행의 전광판은 외국 돈의 가격을 우리에게 알려 주는 구실을 할 뿐이지요.

환율, 즉 외국 돈의 가격은 수시로 변해요. 호박을 사려는 사람이 많아지면 호박 값이 오르는 것과 같이 외국 돈도 필요로 하는 사람이 많아지면 값이 올라요. 반대로 외국 돈을 필요로 하는 사람이 적어지거나 우리나라에 외국 돈이 많아지면 값이 내리지요.

현상 수배 포스터로 변한 금화

옛날에는 금화에 왕의 얼굴을 새기는 일이 많았다고 해요. 이 때문에 정말 기가 막힌 일이 생겨났지요. 18세기 프랑스는 왕이 아주 큰 힘을 가지고 있는 나라였어요. 그런데 왕이 그 힘을 백성들을 위해 쓰지 않고 자기만을 위해 쓰면 어떨까요? 백성들은 굶주리고 있는데 자기는 멋진 궁전을 짓고, 매일 밤 파티를 열고 온갖 사치를 일삼는다면 어떨까요? 그러느라고 백성들을 쥐어짜서 더 많은 세금을 내라고 한다면 어떨까요?

18세기 프랑스 사람들은 이런 왕이 다스리는 나라에서는 더 이상 살 수가 없다고 생각하고 혁명을 일으켰어요. 혁명이 일어나자 목숨이 위태로워진 왕은 프랑스를 빠져나가려고 했지요.

거의 성공적으로 국경 마을까지 왔는데, 거기서 딱 걸린 거예요. 국경 마을의 검문소에서 왕을 알아본 거지요. 인터넷은 물론 텔레비전도 없던 그 시절에 검문소를 지키던 사람은 어떻게 왕의 얼굴을 알고 있었을까요? 바로 금화에 새겨진 왕의 얼굴 때문이었어요. 매일매일 동전에 새겨진 그 얼굴을 보게 되니까 저절로 왕의 얼굴을 기억하게 된 거지요. 자기 힘을 뽐내려고 동전에 자기 얼굴을 새겨 넣었는데, 그게 결국 현상 수배 포스터가 될 줄이야!

2장
가격은 누가 정할까?

사고파는 물건에는 가격이 매겨져 있어요. 어떤 것은 비싸고 어떤 것은 싸지요.
가격은 어떻게 정해지는 걸까요? 물건을 파는 사람이 마음대로 정하는 걸까요?
아니면 물건의 가격을 정해 주는 사람이나 기관이 있을까요?

쿠폰이 너무 많아도 문제다

미래 초등학교 4학년 1반의 3차 나눔 장터가 열렸어요. 2차 나눔 장터에서 쿠폰을 발행하면서부터 장터 운영이 굉장히 편리해졌기 때문에 3차 나눔 장터에는 쿠폰을 많이 만들었어요. 넉넉하게 나눠 받은 쿠폰으로 다들 즐겁게 장터에 참가해 주었으면 하는 바람이었어요.

장터에 참가한 친구들은 신 나게 물건을 골랐어요. 쿠폰이 지난번에 비해 넉넉했기 때문에 이번에는 물건을 마음 놓고 고를 수 있었지요.

"부자가 된 기분이야!"

"이거 정말 좋은걸."

친구들은 모두 즐거웠어요. 그렇다면 3차 나눔 장터야말로 성공?

불행히도 또다시 문제가 발생했어요. 쿠폰을 들고 물건을 고르려는 친구들은 줄을 섰는데, 물건은 이미 동나기 시작했거든요. 이때 승민이가 말했어요.

"난 저 티셔츠를 꼭 갖고 싶어. 쿠폰을 두 장 낼 테니까 저 티셔츠를 내게 줘."

지금까지 장터에서는 물건 하나와 쿠폰 한 장을 교환하도록 정해져 있었거든요. 그런데 승민이가 이 규칙을 깨는 제안을 한 거예요.

그러자 옆에서 다른 친구가 말했죠.

"나도 저 티셔츠를 노리고 있었어. 난 쿠폰을 세 장 낼게. 그러니까 내게 줘."

아직 물건을 고르지 못한 친구들이 너도나도 외쳐 대기 시작했어요.

"난 네 장!"

"무슨 소리? 나는 다섯 장!"

티셔츠 값은 점점 올라가고 교실은 소란스러워졌어요. 운영 위원들은 울상이 되었어요. 줄을 선 친구들은 쿠폰을 던져 버리면서 말했어요.

"에이, 쿠폰 있어도 아무 소용도 없잖아. 이딴 거 너나 가져라."

쿠폰을 받았지만 사용할 수 없게 된 친구들은 마음이 상해서 집으로 돌아갔어요. 운영 위원들은 친구들이 버린 쿠폰으로 엉망이 된 교실을 치우면서 이야기를 주고받았어요.

"휴~ 무슨 난리라도 난 것 같아."

"왜 이런 일이 생겼지?"

왜 물은 싸고 다이아몬드는 비쌀까?

마트에 가 보면 수없이 많은 물건들이 있고 그 물건마다 제각각 가격이 붙어 있어요. 궁금하지 않아요? 왜 어떤 물건은 싸고 어떤 물건은 비쌀까요?

"그 물건의 쓰임새에 따라 가격이 달라지는 것 아닐까요? 어떤 물건은 쓸모가 있지만 어떤 물건은 그다지 쓸모가 없으니까요."

정말 그럴까요? 우리에게 정말 필요한 것의 가격은 비싸고, 필요 없는 것의 가격은 싼 것일까요? 물과 다이아몬드를 생각해 볼까요? 친구들에게 선택하라고 하면 물과 다이아몬드 중 어떤 것을 고르겠어요? 친구들이 다이아몬드를 골랐다면, 아마 그게 비싼 것이기 때문이겠지요.

하지만 신중하게 선택해야 해요. 우리는 물 없이는 살아갈 수 없지만, 다이아몬드는 살아가는 데 별로 필요하지 않으니까요. 다이아몬드가 없어도 죽지 않지만 물이 없으면 죽어요. 그러니 물과 다이아몬드 가운데 우리에게 정말

쓸모가 있는 것은 물이지요. 그런데 다이아몬드가 더 비싸요. 그렇다면 물건의 가격을 결정하는 것은 그 물건의 쓰임새라고 보기는 어렵겠네요.

물건의 가격은 대개 살 사람과 팔 사람 사이의 관계에서 결정돼요. 물건을 팔 사람은 최대한 비싸게 팔고 싶고, 살 사람은 최대한 싸게 사고 싶어 하죠. 그러니까 팔 사람은 자기 물건에 대해 팔 수 있는 한 가장 비싼 가격을 부르겠지요. 하지만 너무 비싸면 사람들이 외면해 버리고 말아요. 그 물건이 구하기 어려운 것인데 사람들이 원하는 양이 많다면 가격을 올려서 팔 수 있겠지만, 반대로 별로 원하지 않는다면 가격을 낮추어야겠지요.

이 세상의 모든 사람들이 물을 원하지요. 하지만 세상에는 물도 많아요. 그러니 물은 싼값에 거래되지요. 깨끗한 물이 아주 흔했을 때는 싸다 못해 아예 공짜였어요.

다이아몬드를 원하는 사람은 물을 원하는 사람에 비해 아주 적은 수라고 할 수 있어요. 하지만 세상에 있는 다이아몬드 또한 아주 적지요. 그러니까 다이아몬드를 원하는 사람들끼리 경쟁이 생겨날 것이고, 그 덕분에 다이아몬드는 비싼 가격에 거래되는 것이지요. 그런데 참으로 다행스럽지 않아요? 물이 다이아몬드처럼 비싸다면 어쩔 뻔했어요?

세상에서 가장 비싼 색깔은?

오늘날 우리가 사용하는 물감은 화학적인 원료를 사용한 것이라서 가격도 싸고, 색깔마다 가격 차이도 거의 없지만, 옛날에는 사정이 달랐습니다. 자연에서 구할 수 있는 원료를 사용해서 색깔을 냈기 때문에 손쉽게 구할 수 있는 원료로 만드는 색깔은 값이 쌌지만, 구하기 어려운 원료를 사용해서 만드는 색깔은 값이 아주 비쌀 수밖에 없었지요.

역사상 가장 비싼 색깔 가운데 하나는 '울트라 마린'이라는 색깔입니다. 군청색 정도에 해당하는 색깔인데, 이 색을 내는 원료는 청금석이라고 해요. 대리석과 비슷한 돌이라서 곱게 갈고 빻아서 가루로 만들 수 있었다고 합니다. 유럽에서는 이 색깔이 아주 인기가 있었어요. 그런데 청금석은 구하기가 아주 어려웠어요. 멀리 아프가니스탄에서 가져와야만 했거든요.

르네상스 시대에는 레오나르도 다빈치나 미켈란젤로같이 천재적인 화가들도 주문자의 뜻에 따라 그림을 그려야 했어요. 그림 재료의 값도 아주 비싸고, 그림을 사고파는 시장이 제대로 있는 것도 아니니 주문자가 있어야 그림을 그릴 수 있었고, 생활도 할 수 있었으니까요. 화가들은 그림의 소재나 주제, 크기는 물론 색깔까지 구체적으로 주문을 받았다고 해요.

레오나르도 다빈치의 〈암굴의 성모〉는 이 같은 주문에 따라 제작된 그림이에요. 성모 마리아의 고귀함을 표현하기 위해 입고 있는 옷에

옷이 비쌀수록 더 좋아!

어떤 백화점에서 20만 원짜리 옷에 실수로 200만 원이라고 잘못된 가격표를 붙였다고 해요. 턱없이 비싼 가격이 붙어 있는 그 옷은 소비자들에게 외면당했을 것 같지요? 하지만 결과는 정반대! 그 옷은 날개 돋친 듯 팔려 나갔답니다.

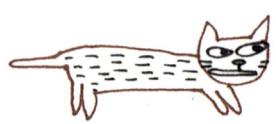

울트라 마린 색을 칠했어요. 이 그림을 주문한 사람은 비싼 재료를 팍팍 써서 그리도록 요구해도 될 만큼 부자였겠지요?

  그런데 이런 생각이 드네요. 울트라 마린이 그렇게 비싸지 않았다면, 울트라 마린이 그만큼 인기가 있었을까요? 혹시 좋으니까 비쌌던 것이 아니라 비싸니까 좋은 것이라 생각하고 좋아했던 것은 아닐까요?

세상에서 가장 비싼 꽃은?

세상에서 가장 비싼 꽃은 어떤 꽃일까요? 요즘은 어떤 꽃이 가장 비싼지 모르겠지만, 역사상 가장 비싼 꽃은 튤립이었어요.

17세기 네덜란드에서 일어난 일이에요. 이 일은 아주 우연히 시작되었어요. 터키에 파견된 네덜란드 대사가 튤립 알뿌리를 당시 네덜란드 최고의 식물학자에게 선물한 거예요. 그때부터 네덜란드에서 번식이 시작되었는데, 이 아름다운 꽃은 당장 열광적인 인기를 끌어 모았어요. 그러면서 튤립 값이 뛰기 시작했지요.

튤립 알뿌리를 사서 이듬해 꽃을 피우면 큰돈을 벌 수 있었어요. 그러자 너도나도 튤립 알뿌리를 사들였고, 그럴수록 값은 더 오르고……. 이런 일이 계속되면서 튤립 가격은 상상을 초월할 정도로 비싸졌어요. 돈이 없는 사람들도 집을 팔고 빚을 내서 튤립에 투자했어요. 사려고 하는 사람이 많아지면 가격이 오른다고 했지요? 이 경우에는 사려고 하는 사람이 비정상적으로 많으니 가격도 비정상적으로 올랐어요.

얼마나 올랐느냐고요? 붉은 줄무늬가 들어간 꽃이 피는 황제 튤립 알뿌리의 가격은 6,000길더까지 치솟았다고 해요. 당시 노동자들의 연봉이 200~400길더 수준이고, 한 가정의 1년 생활비가 보통 300길더 정도였다고 하니, 놀랍지 않나요? 튤립 한 뿌리가 한 가정의 20년 생활비와 맞먹는다니!

이런 비정상적인 일이 언제까지나 계속되지는 않았겠지요? 1637년에 튤립 시장이 붕괴했어요. 튤립 가격이 오를 대로 오르자 사람들이 더 이상 튤립에

투자하기를 원하지 않았어요. 그러자 튤립 가격은 뚝 떨어졌어요. 튤립에 투자했던 사람들은 빚더미에 올라앉게 되었지요.

 지금 생각해 보면 튤립 한 뿌리에 그렇게 어마어마한 돈을 투자하는 것이 너무 어리석은 행동으로 보이지요? 당시 사람들은 '튤립을 사면 돈을 벌 수 있다.'는 것 하나에만 몰두했던 것 같아요. 튤립의 적정한 가치에 대해서는 생각하지 않았던 것이지요. 그런데 그때 네덜란드 사람들만 그런가요?

돈다발로 쌓기 놀이를 한다고?

어린이들이 쌓기 놀이를 하고 있네요. 그런데 자세히 들여다보니 쌓기 놀이 재료가 돈다발이에요. 헉! 얼마나 부자이기에?

사실 이 어린이들은 돈이 없어서 장난감을 살 수 없기 때문에 돈을 가지고 놀고 있는 거예요. 이 무슨 말 같지도 않은 소리냐고요? 이 말 같지도 않은 일이 1차 세계 대전 후 독일에서 정말로 일어났어요. 어떻게 된 일일까요?

1차 세계 대전에서 독일을 상대로 싸워 승리한 영국, 프랑스, 러시아는 막대한 전쟁 배상금을 요구했어요. 전쟁 배상금을 갚기 위해 허덕이던 독일 정부는 궁리 끝에 돈을 마구마구 찍어 냈어요.

당장 돈을 찍어 낼 때는 좋았는데, 얼마 뒤 문제가 생겨났어요. 시중에 돌아다니는 독일 돈이 너무 많아졌어요. 돈이 많아진 것이 왜 문제가 되느냐고요? 돈에 비해 물건은 부족하니까 물건값이 하늘 높은 줄 모르고 뛰게 되었어요. 물건값이 비싸져서 빵 하나를 사려고 해도 수레에 돈을 가득 싣고 가야 할 정도였다고 해요. 이렇게 물가가 오르는 것을 '인플레이션'이라고 해요.

돈이 많으면 좋을 것 같지만 너무 많은 것도 실은 큰 문제랍니다. 그래서 정부에서는 물가가 너무 뛰지 않도록 돈의 양을 조절하는 일을 하고 있어요.

땡전 한 푼 없다

"엄마, 용돈 좀 주세요." 할 때, 엄마가 "땡전 한 푼 없다."고 대답하신다면 무슨 뜻일까요? 정말 돈이 하나도 없다는 말이지요. 땡전? 땡전이 뭘까요? 이 말은 경복궁과 관련되어서 생겨난 말이에요.

경복궁은 조선 건국과 함께 지어져서 조선 왕실을 대표하는 왕궁이에요. 그런데 임진왜란을 겪으면서 불타 버리고 맙니다. 그러다가 조선 말 흥선 대원군은 왕실의 권위를 높이기 위해 경복궁을 새로 짓는 공사를 시작했어요.

문제는 돈이었어요. 돈 들어갈 일이 많았지만, 당시 왕실은 돈이 별로 없었지요. 그래서 당백전이라는 화폐를 발행합니다. 그런데 당백전을 너무 많이 발행했기 때문에 심각한 인플레이션이 발생했어요.

당백전 발행 초기에 쌀1섬의 가격은 7~8냥 정도였는데, 한두 해가 지나자 쌀값이 6배로 뛰었다고 해요.

물가가 이처럼 뛰자 당백전은 정말 가치가 없는 돈이 되어 버렸지요. 그러자 사람들은 "당백전 한 푼 없다."는 말로 가난한 주머니 사정을 표현했어요. 이 말이 "당전 한 푼 없다."로 변하고, 다시 "땡전 한 푼 없다."는 말로 바뀌게 되었어요. 그러니까 "땡전 한 푼 없다."는 말은 그토록 가치가 없는 당백전조차도 하나 없다는 말이에요. 요즘 식으로 표현하면 "일 원도 없다."라고 하면 되겠죠?

우리는 소비를 통해 세상과 인연을 맺고 있어요. 내가 밥을 먹을 수 있는 건, 쌀을 키운 농부와 쌀을 판 상인, 그리고 그 쌀로 밥을 지어 주신 부모님의 노동 덕분이에요. 세상에는 좋은 인연도 있지만 나쁜 인연도 있지요. 똑같은 우유를 선택하는 것처럼 보여도, 건강하게 소를 키우는 목장에서 생산된 우유를 먹는다면 나는 지구와 좋은 인연을 맺은 거예요.

소비를 통해 맺는 인연이 좋은 인연이 되려면 어떻게 해야 할까요?

3장

소비를 통해 세상과 만난다

세상에서 가장 멋진 축구공

미래 초등학교 4학년 1반의 4차 나눔 장터가 열렸어요. 운영 위원들의 장터 운영도 능숙해졌기 때문에 4차 나눔 장터는 순조롭게 진행되었어요.

하지만 단 한 가지! 장터의 마지막까지 해결되지 않은 문제가 있었어요. 장터에 나온 물건 중에 유독 많은 친구들이 원하는 것이 있었거든요. 바로 축구공이었어요. 아직까지도 반짝거림이 가시지 않은, 거의 새것이나 다름없는 축구공에 눈독 들이고 있는 친구들이 너무 많았어요.

그래서 어느 친구가 축구공을 가져가는 것이 가장 좋을지 결정하기가 너무 어려웠어요.

"내 축구공은 너무 낡았어. 바람이 빠져서 잘 차지지 않아. 저 축구공을 꼭 갖고 싶어."

"나는 축구공을 잃어버렸어. 엄마가 내가 물건을 잘 챙기지 않아서 그런 일이 생겼다고 축구공을 안 사 주셔."

저마다 자기가 축구공을 가져야 하는 이유를 이야기했어요. 다들 그럴 듯한 이유가 있었기 때문에 결정은 더 어려워졌지요.

그때 축구공을 장터에 가져온 지선이가 말했어요.

"좋은 생각이 났어. 축구공을 우리 학급에서 공동으로 사용하면 되지 않을까? 내가 축구공을 우리 학급에 기증할게."

4학년 1반 친구들은 지선이의 멋진 결정에 큰 박수를 보냈어요.

"그런데 조건이 있어. 내 이야기를 들어 줘. 이 축구공은 착한 축구공이야."

지선이의 말을 자르며 한 친구가 말했어요.

"축구공이 사람이냐? 착하고 말고가 있게?"

지선이는 그런 말을 듣고도 기분 나쁜 기색을 보이지 않았어요.

"그런 말이 나올 거라고 생각했어. 하지만 내 이야기를 듣고 나면 생각이 달라질 거야. 파키스탄의 어린이들은 학교도 못 가고 하루 종일 축구공 만드는 일을 한대. 축구공 하나를 만들고 받는 돈은 150원 정도? 하루에 겨우 두 개 만들 수 있대. 대기업은 그렇게 만든 축구공을 비싼 값에 팔아서 돈을 버는 거고 말이야. 착한 축구공은 축구공을 만드는 사람들에게 정당한 대가를 지불한 축구공이야. 그래서 어린이들이 학교에 다닐 수 있게 되었대."

그 뒤로 4학년 1반 친구들은 꼭 착한 축구공으로만 축구를 했어요. 다른 반 친구들이 유명 상표의 값비싼 축구공을 자랑할 때도 이렇게 말했지요.

"아무리 그래 봐야 그건 못된 축구공이야. 우리 건 착한 축구공이라고."

세상을 돌고 돌아 내게로 온 스웨터

미국에 살고 있는 재클린은 친척 아저씨로부터 푸른 스웨터를 선물 받았어요. 그 스웨터가 무척 마음에 들었기 때문에 맨날 그 스웨터를 입었어요. 그런데 어느 날 학교에서 한 아이의 놀림을 받고 다시는 그 스웨터를 입고 싶지 않아졌어요. 그래서 그 스웨터를 헌 옷 가게에 팔아 버렸지요. 세월이 흐르면서 재클린은 그 스웨터에 대해 까맣게 잊어버렸어요.

어른이 된 재클린은 르완다로 여행을 갔어요. 그곳에서 한 소년이 아주 낯익은 푸른 스웨터를 입고 있는 것을 보고 깜짝 놀랐습니다. 그 스웨터는 자신이 소녀였을 때 입었던 스웨터였거든요.

재클린은 이 일을 계기로 세상은 서로 연결되어 있다는 것을 깨닫게 되었고, 아프리카의 가난을 없애는 데 이바지하기로 결심했습니다. 그 과정에서 일어난 여러 가지 일들을 책으로 썼는데, 그 책이 바로 〈블루 스웨터〉예요. 재클린과 비슷한 경험을 우리도 하게 될 수 있습니다.

스웨터를 만들기 위해서는 실이 필요해요. 겨울에 입는 따뜻한 스웨터를 만드는 실은 양털이 원료예요. 양털로 만든 실은 세계 여러 나라에서 만들어져요. 터키는 양털로 만든 실을 많이 생산하는 나라 가운데 하나입니다. 초원에서 양을 키우고, 양털을 깎아서 실로 만들지요.

스웨터를 만드는 회사는 이탈리아에 본사를 두고 있습니다. 이곳에서 스웨터를 디자인하지요. 그리고 그 디자인에 맞는 실을 터키에서 사들여서 임금이 싼 나라로 가져가요. 예를 들면 중국 같은 나라죠.

중국의 공장에서는 주문 받은 디자인에 따라 스웨터를 만들어요. 완성된 스웨터에는 이탈리아에 본사를 둔 회사의 상표를 붙입니다. 그리고 잘 포장되어서 배에 실려 세계 여러 나라로 팔려 나가지요. 그중에 어떤 것은 한국으로 와요. 한국의 한 매장에 스웨터가 진열되고, 내가 엄마 아빠와 함께 가서 스웨터를 고르지요.

어때요? 스웨터 한 벌이 내 손에 오기까지 정말 수많은 나라, 수많은 사람들의 손을 거쳤지요? 스웨터 한 벌을 사 입으면서 나는 수많은 나라, 수많은 사람들과 인연을 맺는 거예요. 내가 사용하는 모든 물건이 마찬가지랍니다.

못생긴 귤을  장바구니에  담자

장을 보러 가서 귤을 고르려고 해요. 어떤 귤을 고르나요? 크고 샛노랗고 반짝거리는 귤을 고르지 않나요? 그러면 혹시 나무에 열려 있는 귤을 직접 본 적이 있나요? 나무에 열려 있는 귤은 우리가 장을 보러 가서 만나는 귤처럼 반짝거리지 않는답니다. 군데군데 흠이 있는 귤들도 많이 있어요. 이 귤들이 어떻게 변신을 한 것일까요?

일단 귤을 수확하면 그 가운데에서 흠이 없는 귤만을 골라냅니다. 흠이 있는 귤은 상품성이 떨어지니까요. 그런데 수확한 귤 가운데 흠이 있는 귤이 많다면 곤란하겠지요? 힘들게 농사를 지었는데 팔 수 없다면 속이 상할 거예요.

흠 없고 커다란 귤을 수확하기 위해서는 농약을 많이 주어야 합니다. 새도 벌레도 함부로 덤벼들지 못하도록 말이에요. 좋은 값에 팔 수 있는 귤을 생산하기 위해서는 어쩔 수 없다고 해요.

다음에는 귤이 보다 예쁘게 보이도록 왁스를 입힌다고 합니다. 왁스는 원래 가구나 자동차에 광택을 내는 데 쓰는 약품이에요. 반짝반짝 매끈매끈한 자태로 우리를 유혹하는 귤들은 사실은 왁스 옷을 입고 있는 거예요.

그렇게 예쁜 귤들만 골라서,

더 예쁘게 보이도록 왁스 옷을 입혀서 시장에 내놓은 귤을 우리가 사 먹는 거랍니다.

　문제는 농약이나 왁스 모두 우리 몸에는 아주 해로운 물질들로 이루어져 있다는 거예요. 귤껍질을 벗기고 알맹이만 먹는다고 해서 안심할 수는 없어요. 농약이나 왁스의 해로운 성분들은 귤껍질을 뚫고 알맹이까지 스며드니까요.

　그렇게 해로운 농약이나 왁스를 사용해서 귤을 생산하는 이유는 무엇일까요? 사람들이 반짝거리고 흠이 없는 커다란 귤을 원하기 때문이겠지요. 만약 사람들이 다소 못생기고, 다소 거칠거칠하더라도 농약과 왁스를 사용하지 않은 귤을 더 좋은 것이라고 생각한다면 농부들도 무리해서 농약이나 왁스를 사용하지 않겠지요.

　우리가 어떤 제품을 소비하느냐에 따라 세상은 달라질 수 있어요. 건강에도 좋고 지구 환경에도 좋은 농산물들이 많이 많이 생산되기를 원한다면 반짝거리는 귤보다는 못생긴 귤을 장바구니에 담아야 해요.

무농약, 유기농 제품 구입하기

환경과 건강에 좋은 제품에 대한 사람들의 관심이 높아지면서, 농약이나 화학 비료를 사용하지 않은 제품들이 늘어나고 있어요. 그렇다면 어떤 제품이 농약이나 화학 비료를 사용하지 않은 것일까요? 이런 제품들에는 무농약, 친환경, 유기농 마크가 붙어 있어요.

휴대 전화 때문에 고릴라가 죽어 간다고?

신형 휴대 전화를 갖고 싶다고요? 지금 휴대 전화는 구형이라 창피하다고요? 알고 있나요? 우리가 휴대 전화를 새로 살 때마다 콩고의 어린이가 전쟁으로 부모를 잃고 고릴라가 죽어 갑니다.

휴대 전화 배터리를 만들 때에는 콜탄이라는 원료가 필요합니다. 예전에 콜탄은 별로 주목받지 못하던 자원이었지만, 휴대 전화를 사용하는 사람들이 늘어나면서 콜탄의 필요량이 세계적으로 크게 늘어났고 덩달아 가격이 10배 이상 높아졌어요.

콜탄이 많이 매장되어 있기로는 콩고를 최고로 칩니다. 전 세계 콜탄의 60% 이상이 콩고 카후지비에가 국립 공원 일대에 묻혀 있다고 해요. 그런데 콩고는 아프리카 중앙부에 있으면서 무려 8개국과 국경을 접하고 있어서 정치적으로 매우 불안한 지역이랍니다. 콩고의 풍부한 지하자원을 노리는 주변국들과 강대국들이 호시탐탐 기회를 엿보고 있기 때문이에요. 콜탄이 부각될수록 콩고의 평화는 끊임없이 위협받을 수밖에 없습니다.

게다가 콜탄을 채취하는 과정에서 숲이 계속해서 파괴되고 있다고 해요. 콜탄의 가격이 비싸지자 사람들은 밀림으로 들어가 나무를 베어 내고 강을 파헤쳤어요. 카후지비에가 국립 공원은 유명한 고릴라 서식지인데, 1996년에 280여 마리였던 고릴라가 2011년에는 단 두 마리만 남았다고 하네요.

내가 고릴라를 구하려면?

고릴라를 구하기 위해 우리가 할 수 있는 일은 없을까요? 휴대 전화를 아껴서 사용하고, 새것을 구입하는 일을 자제해야 하겠지요. 또 더 이상 사용하지 않는 휴대 전화는 반드시 재활용할 수 있도록 '폐휴대 전화 수거 캠페인'에 참여하도록 해요. 콜탄을 비롯한 여러 가지 금속 자원을 재활용할 수 있어요.

우리 동네 작은 가게

도시에 사는 많은 사람이 대형 할인 매장에서 장을 보지요. 그러자 동네의 작은 가게들은 장사가 안돼 어려운 처지에 놓이게 되었어요.

물건이 잘 팔리지 않으면 가게에 있는 물건들에는 점점 먼지가 쌓여요. 오랜만에 작은 가게를 찾은 사람들도 그 모습에 실망해서 다음번에는 대형 할인 매장으로 발길을 돌리지요. 그러면 더 장사가 안되고, 물건들에는 먼지가 점점 쌓이고 어려움이 커져 가요. 결국 문을 닫는 동네 가게들이 늘어나고 있어요.

대형 할인 매장에서 장을 보면 필요 이상으로 많은 물건을 구입하게 돼요. 살 마음이 없었던 물건인데, 진열대에 깔끔하게 전시되어 있는 물건들을 보면 자기도 모르게 장바구니에 집어넣게 되는 거예요. 할인을 많이 해 주는 물건 앞에서도 우리는 마음이 흔들려요. 값이 싸다는 것에 홀려서 별 필요도 없는 물건을 장바구니에 집어넣지요. 집에는 물건들이 쌓여 가고 제때 먹지 못해 상해 버리는 음식들도 생겨나요.

싼값에 좋은 물건을 사게 되어 절약을 하게 되었다고 기뻐하지만 실은 필요 이상의 물건들을 구입하느라 헛돈을 쓰게 되는 거예요. 동네 가게도 살리고 우리 집 경제도 살리는 방법, '대형 할인 매장 끊기'에 있답니다.

착한 초콜릿

초콜릿을 좋아하나요? 초콜릿의 원료는 카카오입니다. 서아프리카 코트디부아르에는 약 60만 개의 카카오 농장이 있다고 해요. 카카오 농장에서는 9~12세 사이의 어린이들이 하루 12시간 이상 노예처럼 일하고 있는데 그 수가 30만 명을 넘습니다. 어린이들은 높은 나무에 올라가 카카오 열매를 따고 농약을 뿌리고 잡초를 뽑는 일을 해요. 어린이들은 학교에 가지 못하는 것은 물론이거니와 보수를 제대로 받지도 못하고 음식도 충분히 먹지 못한대요.

이것은 올바르지 않지요. 그래서 착한 초콜릿이라는 것이 생겨났어요. 착한 초콜릿은 어린이 노동으로 생산된 카카오로 만들지 않아요. 생산자에게 제대로 된 값을 주고 사 온 카카오로 만든 초콜릿이지요. 그래서 착한 초콜릿은 값이 조금 비쌉니다.

카카오 값을 제대로 받게 되자 카카오 농장의 사람들은 아이들을 제대로 먹이고 학교에 보낼 수 있게 되었어요. 착한 초콜릿을 고르는 한국의 어린이들 덕분에 코트디부아르의 어린이가 학교에 갈 수 있게 된 거예요. 우리는 소비를 통해 세상과 좋은 관계를 맺을 수 있어요.

돈이 많으면 행복할까?

갖고 싶은 것이 너무나 많다고요?
그래서 돈이 아주아주 많았으면 좋겠다고요?
얼마나 많은 돈을 원하나요?
돈이 많으면 좋은 일만 생길까요?
얼마나 돈이 많아야 행복해질까, 생각해 보는 시간을 가져 보아요.

청바지가 잘 어울리는 소녀

미래 초등학교 4학년 1반의 5차 나눔 장터가 열렸습니다. 상미는 오래전부터 처분해 버리려고 벼르고 있었던 청바지를 가져왔어요.

상미는 처음 살 때부터 그 청바지가 마음에 들지 않았죠. 상미가 사고 싶었던 청바지는 백화점에서 파는 최신 유행 청바지였어요. 하지만 엄마는 백화점 앞 지하상가에서 이름도 없는 싸구려 청바지를 사 주셨기 때문이었습니다.

돌아오는 길에 상미는 혼자 이런 생각까지 했답니다.

'나중에 내가 돈 벌면 입고 싶은 옷 잔뜩 사 입을 테다.'

그리고 딱 두 번 입은 뒤 5차 나눔 장터에 청바지를 내놓았어요. 그걸 산 것은 진희였어요. 진희는 무척 마음에 든다며 좋아했어요.

"상미야, 이렇게 예쁜 청바지를 팔면 나중에 후회하지 않겠어?"

이런 말까지 했습니다. 4학년 1반 친구들은 평소에 예쁜 옷만 입고 다니는 진희가 그 청바지를 골랐다는 것에 조금 놀랐죠.

진희는 그다음 날부터 매일 그 청바지를 입고 왔습니다. 그런데 청바지를 입은 진희가 정말 예뻐 보였어요. 진희는 청바지를 원래 가지고 있던 옷과 잘 어울리게 입었거든요. 상미는 살짝 배가 아팠어요. 후회하는 마음도 생겨났지요.

며칠 뒤 상미는 한숨을 쉬며 진희에게 마음을 털어놓았어요.

"괜히 나눔 장터에 내놨나 봐. 내가 멍청한 짓을 했어."

진희는 웃으면서 말했어요.

"네가 원한다면 돌려줄게."

"아니야. 네가 잘 입고 다니니까 예쁜 거지, 난 원래 그 청바지 싫어했어."

알고 보니 진희네 가족은 웬만한 옷은 다 이런 식으로 마련한다고 합니다. 진희가 깔깔 웃으면서 말했어요.

"우리 집에서 '쇼핑하러 가자!' 하면 어디 가자는 말인지 아니? 백화점이나 쇼핑몰에 가자는 말이 아니야. 알뜰 매장 가자는 말이지. 처음에는 나도 그게 싫었는데, 지금은 좋아. 남들이 필요 없다고 버린 것을 내가 발굴해서 잘 쓰는구나 생각하면 꼭 탐험가나 발명가가 된 기분이 들거든."

상미는 깨달았어요. 돈을 많이 써 가며 비싼 옷을 사야만 멋쟁이가 되고 즐거운 마음이 생기는 것은 아니라는 사실을요.

사람의 욕심은 끝이 없다고?

사람의 욕심은 끝이 없다고 하죠. 가만히 생각해 보면 정말 그런 것 같아요. 용돈이 일주일에 3천 원일 때는 5천 원만 되어도 무척 좋을 것 같았는데, 막상 5천 원을 용돈으로 받아도 부족함에는 변함이 없거든요. 최신형 휴대 전화 하나만 있으면 정말 좋을 것 같았는데, 너도나도 스마트폰을 찾으니 나에게도 스마트폰이 있으면 좋겠지요.

    욕심은 정말 끝이 없을까요? 뷔페식당에 가 본 적이 있나요? 뷔페식당은 1인당 정해진 요금을 지불하면 원하는 대로 마음껏 음식을 먹을 수 있는 곳이에요. 맛있는 음식이 즐비하게 쌓여 있고, 마음껏 먹을 수 있다고 하니 정말 낙원이 따로 없지요. 하지만 우리는 생각처럼 많이 먹을 수 없어요. 한두 접시 음식을 담아 와서 먹으면 배가 부르거든요. 욕심은 끝이 없다지만 배가 부르면 음식 욕심이 사라져요.

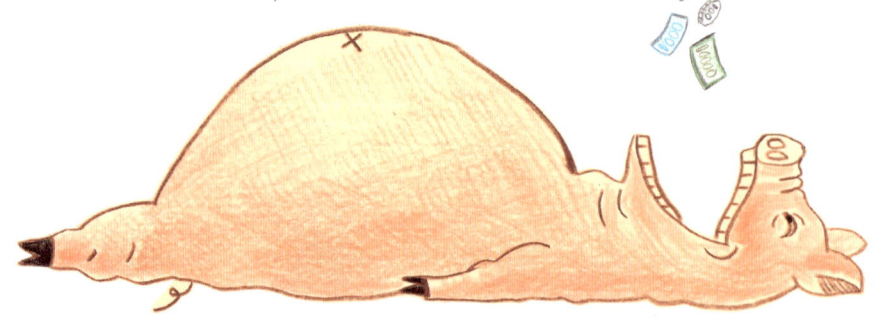

예쁜 옷이 많이 있으면 좋을까요? 열 벌쯤 되는 예쁜 옷은 나를 행복하게 해 줄 것 같아요. 삼십 벌도 괜찮을 것 같기도 해요. 하지만 천 벌쯤 되는 예쁜 옷들이 있다면 어떨 것 같아요? 우리 집은 옷으로 가득 차겠지요. 우리는 옷 위에서 밥을 먹고, 옷을 덮고 잠을 자야 할지도 몰라요. 다 입어 볼 수도 없어요. 욕심은 끝이 없다지만 옷 욕심도 어느 정도 되면 줄어들겠지요.

그런데 정말 끝도 없이 욕심을 내게 되는 것이 있어요. 바로 돈이지요. 돈은 그 자체로는 아무짝에도 쓸모가 없지만, 내가 원하는 다른 것들과 바꿀 수 있어요. 음식이건 옷이건 장난감이건 내가 원하는 것을 손에 넣을 수 있게 해 주는 거예요. 그래서 돈 욕심이야말로 끝이 없는 것 같아요.

그렇다고 해서 돈에 대한 끝없는 욕심을 그대로 두어야 한다는 말은 아니에요. 건강을 위해 음식 욕심을 조절하는 것이 지혜로운 행동이듯, 행복을 위해 돈 욕심을 조절하는 것이 옳아요.

복권에 당첨되면 행복해질까?

'돈벼락을 맞는다.'는 말이 있지요? 갑자기 큰돈이 생긴 일을 두고 하는 말이에요. 복권에 당첨되어 돈벼락을 맞은 사람들은 더 행복해졌을까요? 대부분 이전보다 불행해졌다고 합니다. 돈을 요구하는 주변 사람들 때문에 몰래 이사를 가기도 하고, 가족들 사이에 불화가 생기기도 했다는군요.

돈을 아껴 쓰는 것은 시간을 소중하게 쓰는 것

우리는 옛날 사람들에 비해 정말 많은 물질적 풍요를 누리며 살고 있어요. 고기도 더 많이 먹고 예쁜 옷도 더 많이 입지요. 스위치만 누르면 하루 종일 재미있게 해 주는 텔레비전에, 집 안에 앉아서 세상 소식을 다 알아볼 수 있는 컴퓨터에, 원하는 곳 어디로든 우리를 데려가 주는 자동차…….

하지만 물질적 풍요를 위해서는 돈이 들어갑니다. 더 많은 풍요를 위해서는 더 많은 돈이 필요하지요. 그래서 사람들은 돈을 벌기 위해 점점 더 많은 시간을 일하게 되었어요. 일을 하느라 가족과 함께할 수 있는 시간을 줄이고, 친구와 보내는 시간을 줄이고, 취미 생활을 할 시간을 줄였어요. 심지어 잠을 잘 시간도 줄였지요.

한 시간에 5,000원을 받고 일하는 사람이 있습니다. 이 말이 뜻하는 것은 이 사람의 삶 중에서 한 시간을 5,000원에 팔고 있다는 것이지요. 일이 끝난 후 커피 전문점에서 친구를 만나 커피를 마셨어요. 커피 값은 5,000원입니다. 그러면 커피를 사 먹기 위해 이 사람은 한 시간을 지불한 것과 같아요.

우리가 돈을 쓴다는 것은 그 돈을 벌기 위해 인생의 소중한 시간을 쓰고 있다는 것입니다. 그러니까 돈을 흥청망청 쓴다면 그만큼 시간을 흥청망청 쓰는 것이나 다름없지요.

최신형 컴퓨터를 구입하면 즐거워집니다. 자주 새 옷을 살 수 있다면 좋겠지요. 커다란 집에서 사는 것도 멋질 것 같습니다. 하지만 생각해야 해요. 이것을 사느라고 돈을 쓰는 것은 결국 부모님의 시간을 쓰는 것이랍니다. 돈을 아껴 쓴다는 것은 우리에게 주어진 시간을 소중하게 쓰는 것이랍니다. 지혜롭게 소비하면 돈에 휘둘리지 않고 더 행복하게 살 수 있어요.

시간으로 필요한 걸 산다고?

시간을 비용으로 지불하는 사회를 그린 영화가 있답니다. 〈인 타임〉이라는 영화에서는 음식을 사고, 버스를 타고, 집세를 내는 등 삶에 필요한 모든 것을 시간으로 계산합니다. 하지만 주어진 시간을 모두 소진하는 순간, 그 즉시 심장 마비로 죽어요. 부자들은 오래 살 수 있지만 가난한 사람은 하루를 겨우 버틸 수 있는 시간을 노동으로 사야 합니다.

지갑을 열기 전에 생각해야 할 것

우리는 용돈도 뻔하고, 용돈을 주시는 부모님의 주머니 사정도 뻔합니다. 우리에게 돈이 쏟아져 나오는 마법 지갑 같은 건 없어요. 우리는 정해진 돈으로 살아가야 합니다. 그러니 그 안에서 행복할 길을 찾아야겠지요?

유명 상표의 새 가방을 갖고 싶다고요? 친구들이 다 샀는데 나만 안 살 수 없다고요? 그래서 삽니다. 이런 것을 '모방 소비'라고 해요. 따라쟁이 소비는 늘 낭비를 부릅니다. 뱁새가 황새 쫓아가다 다리가 찢어지듯, 주머니가 텅 비게 돼요. 더구나 내게 잘 어울리지도 않는 물건들이 쌓이게 되지요.

그렇다면 친구들이 모두 들고 다니는 가방을 사는 것은 어떤가요? 먼저 묻고 싶어요. 정말 친구들이 '모두' 그 가방을 들었나요? 지금 그 가방이 너무 갖고 싶은 나머지 그 가방만 보이고, 그래서 친구들이 모두 그 가방을 들었다고 착각하는 것은 아닐까요?

친구들 중 누군가가 새 가방을 사고, 새 가방이 유행하기 시작하면 애써 장만한 가방은 금세 유행 지난 촌스러운 가방이 될 거예요. 그 가방을 들고 다니며 최신 패션을 뽐낼 수 있는 시간은 얼마나 남았나요?

내게 이미 세 개의 가방이 있고, 그것이 모두 멀쩡한 새 가방이고, 곧 유행이 지나 이 가방 또한 촌스러운 가방이 될 운명이라 할지라도 그 가방을 갖고 싶다고요? 그렇다면 사야겠지요. 우리가 항상 합리적으로만 행동할 수 있는 건 아니니까요.

하지만 기억하세요. 이번 한 번뿐이에요. 이런 일이 자주 있으면 정말 곤란해요. 우리에게 마법 지갑은 없으니까요. 새 가방이 내게 행복을 주는 시간은 정말 짧아요. 지갑을 열기 전에 이 돈을 어디에 써야 나와 우리 가족이 더 행복해질까를 항상 생각해야 해요.

잘난 척하려고 돈을 쓴다고?

20세기 초 미국의 백만장자들은 담배를 100달러짜리 지폐에 말아서 피웠다고 해요. 100달러짜리 지폐에 담배를 말아 피우는 자신을 쳐다보는 세상 사람들의 부러움이 담긴 시선은 짜릿함을 느끼기에 충분했겠지요. 이렇게 잘난 척하려고 돈을 쓰는 것을 '과시 소비'라고 합니다.

돈이 행복의 열쇠는 아니다

스트릭랜드는 주식 중개인으로, 가족을 위해 성실하게 돈을 벌면서 살아온 사람이었습니다. 그러던 그가 어느 날 그림을 그리기 위해 모든 것을 버리고 떠납니다. 그는 이렇게 말해요.

"나는 그림을 그려야 한다지 않소. 그리지 않고서는 못 배기겠단 말이오. 물에 빠진 사람에게 헤엄을 잘 치고 못 치고가 문제겠소? 우선 헤엄쳐 나오는 게 중요하지. 그러지 않으면 빠져 죽어요."

그림을 그리지 않으면 당장 죽기라도 할 것 같은 절박함이 그를 '가난하지만 하고 싶은 일을 하는 삶'으로 이끕니다. 서머셋 몸의 〈달과 6펜스〉라는 소설에 나오는 이야기입니다. 이 이야기는 실제로 유명한 화가인 고갱을 모델로 했다고 해서 더욱 유명해졌습니다.

사람은 누구나 행복해지기를 원하기에 행복에 대해 연구한 학자들이 많이 있습니다. 행복의 열쇠는 무엇일까요? 재미있는 사실은 행복의 열쇠에 돈과 관련된 것은 하나도 없다는 거예요. 사람은 좋아하는 일을 하고, 다른 사람을 기쁘게 해 주고, 좋은 사람이라는 평가를 받을 때 행복해진다고 해요.

행 복 의 자

만지는 것마다 금이 된다면?

그리스 신화에는 프리지아의 왕 미다스의 이야기가 나와요. 미다스는 술의 신 디오니소스에게 자기 손이 닿는 모든 것이 황금으로 변하게 해 달라고 청했고, 디오니소스는 미다스의 뜻대로 해 주었어요. 만지는 것마다 황금으로 변하게 하는 신비한 능력을 얻게 된 미다스는 행복했습니다. 책상을 만지면 황금 책상이 되고, 침대를 만지면 황금 침대가 되었어요.

미다스는 계속 행복했을까요? 아니에요. 문제가 생겼습니다. 음식을 먹을 수가 없었거든요. 빵을 먹으려고 하면 빵도 황금으로 변하고, 고기를 먹으려고 하면 고기도 황금으로 변했습니다. 심지어 물도 마실 수가 없었어요. 사랑하는 사람을 안아 줄 수도 없었고요.

미다스는 다시 디오니소스에게 빌었습니다. 자기 소원을 물러 달라고 말이에요. 디오니소스는 파크톨로스 강에서 목욕을 하면 원래 상태로 돌아올 것이라고 알려 주었지요. 미다스는 시키는 대로 했고, 마침내 황금을 만들어 내는 능력을 털어 버릴 수 있게 되었습니다.

사람들은 많은 돈을 원해요. 돈이 많으면 행복할 것이라고 생각하지요. 하지만 미다스의 이야기는 돈이 많다고 곧 행복해지는 것은 아니라는 사실을 우리에게 일깨워 주네요. 부족한 것도 문제이지만 넘치는 것도 문제입니다.

5장
광고를 보면 사고 싶어!

우리는 광고에 둘러싸여 살고 있어요. 텔레비전을 봐도 광고, 인터넷을 봐도 광고예요.
길을 걸으면서도 광고와 만나고 현관문 앞에서도 광고와 만나요.
광고를 자꾸 보다 보면 그것을 사고 싶어져요.
광고를 보면 드는 사고 싶은 마음의 정체는 과연 무엇일까요?

해골 무늬 팔 토시의 비밀

"다행이야. 그동안 별일이 다 있었는데, 오늘 6차 나눔 장터는 잘 끝난 것 같지?"

나눔 장터 운영 위원인 상미가 말했어요. 다른 운영 위원들도 고개를 끄덕였어요.

"그런데 좀 이상한 일이 있기는 했어."

찬우가 심각하게 말했어요.

"왜? 또 무슨 사건이 생긴 거야?"

운영 위원들이 화들짝 놀라 물어보았지요.

"사건이랄 것까지는 없는데, 이상하긴 이상해. 난 한 번도 해골 무늬 팔 토시를 갖고 싶다고 생각해 본 적이 없거든. 그런데 이걸 두 개나 샀어. 내가 왜 그랬을까?"

"팔 토시라면 나도 샀는걸. 그게 어때서? 멋있기만 한걸."

운영 위원들은 너도나도 팔 토시를 들어 올렸어요. 세상에나! 모두 다 해골 무늬 팔 토시를 산 거예요. 모두가 같은 물건을 샀다는 것이 놀랍지 않나요? 어떻게 이런 일이 벌어졌을까요?

"그 팔 토시는 정민이가 판 거야. 오늘 30개 가져와서 다 팔았을걸?"

운영 위원들이 이런 얘기를 나누고 있는 동안에도 찬우는 생각했어요.

'분명히 뭔가 우리가 눈치채지 못한 일이 일어난 거야.'

다음 날이 되어서도 궁금증을 해결하지 못한 찬우는 참다못해 정민이한테 직접 물어보았어요. 어떻게 그 많은 팔 토시를 팔 수 있었는지 말이에요. 정민이는 의기양양하게 사실을 밝혔지요. 정민이네 집에는 해골 무늬 팔 토시가 엄청나게 많이 있대요. 정민이네 이모 가게에서 안 팔리는 것을 얻어 왔다나요? 정민이는 나눔 장터에서 팔 토시를 팔면 좋겠다고 생각하고 궁리에 궁리를 거듭했지요.

정민이의 판매 전략이 궁금한가요? 정민이는 나눔 장터 일주일 전에 전교에서 알아주는 얼짱인 수미와 현민이에게 부탁을 했어요. 수미와 현민이는 정민이가 부탁한 대로 해골 무늬 팔 토시를 끼고 사진을 찍었지요. 정민이는 이 사진을 학급 홈페이지에 올리고 인쇄해서 친구들에게 나눠 주기도 했어요.

해골 무늬 팔 토시를 하고 있는 수미와 현민이는 정말 멋있어 보였어요. 처음에는 별 관심이 없었던 친구들도 여러 번 그 사진을 보자, 점점 해골 무늬 팔 토시가 멋있다고 생각하게 되었어요. 그러다가 나눔 장터에 바로 그 팔 토시가 등장하자, 너도나도 줄을 서서 팔 토시를 산 거죠.

드라마를 만드는 돈은 어디에서 나올까?

극장 영화와 텔레비전 드라마는 여러 가지 점에서 차이가 있어요. 가장 큰 차이는 극장 영화는 내가 영화관에 가서 돈을 내고 봐야 한다는 것이고, 텔레비전 드라마는 집에서 공짜로 볼 수 있다는 거예요.

영화를 제작하는 데도 돈이 많이 들지만, 텔레비전 드라마도 그에 못지않게 돈이 많이 들어간다고 하는데 그 돈은 누가 낼까요? 방송국 돈으로 만든다고요? 그렇다면 방송국은 그 돈을 어떻게 벌죠? 방송국은 여러 기업들로부터 광고를 의뢰받아서 틀어 주고 돈을 받아요. 그리고 그 돈으로 각종 프로그램을 제작하는 거예요.

방송국은 광고를 비싼 값에 많이 팔수록 많은 돈을 벌 수 있어요. 그렇다면 어떻게 해야 광고를 비싼 값에 많이 팔 수 있을까요?

이 문제의 답은 방송국에 돈을 내고 광고를 하는 기업의 입장에서 생각해 보면 쉽게 알 수 있어요. 광고를 하는 이유가 뭐죠? 보다 많은 사람이 그 광고를 보고 자기 기업의 제품을 사 주기를 바라기 때문이겠지요. 그러니까 시청률이 높은 프로그램의 앞뒤에 붙어 있는 시간에 광고를 하는 것이 좋을 거예요. 그래서 프로그램의 시청률이 높을수록 광고비가 비싸져요.

방송국들은 시청률을 높이기 위해 경쟁을 벌여요. 드라마의 시청률이 높으면 연장 방송을 하고 낮으면 앞당겨 끝내는 것도 바로 시청률 경쟁 때문이에요.

인기 드라마의 광고 수입은 얼마나 될까?
60분짜리 드라마의 경우 최대 6분까지 광고를 할 수 있대요. 그리고 광고는 15초 단위로 판매되는데, 시청률에 따라 차이가 크지만 인기 드라마의 경우에는 15초당 1,300~1,500만 원이라고 해요. 한 회당 3억 원이 넘는 광고 수입이 생겨나는 셈이네요.

광고를 하는 데 드는 돈은 누가 낼까?

라면을 사려고 해요. 마트에 가 보니 수없이 많은 라면이 있어요. 그중에 어떤 것을 고를까요? 유명 회사의 라면을 골랐나요? 그 회사는 어떻게 유명해졌죠? 우리는 그 회사 라면이 유명하다는 것을 어떻게 아나요? 광고가 우리에게 가르쳐 준 거예요. 광고를 많이 하면 그 기업과 제품이 친숙하게 느껴져요. 우리는 그 기업이 유명하다고 생각하지요. 그리고 유명한 것은 그만큼 제품이 좋기 때문일 것이라고 믿어요.

신제품 라면을 골랐나요? 신제품이 새로 나왔다는 것은 어떻게 알게 되었죠? 이것도 광고가 가르쳐 준 거예요. 기업은 새로운 제품을 만들면 광고를 통해 사람들에게 알려요. 아무도 알지 못하는 제품을 판매하기는 너무 어렵지 않겠어요? 사람들은 새로운 라면의 존재를 알게 되면 그 라면을 먹어 보고 싶어지지요.

요즘은 워낙 기술이 발달해서 질 좋은 제품들이 쏟아져 나와요. 어떤 물건을 골라야 할지 영 헷갈리지요. 이럴 때도 광고가 큰 힘을 발휘해요.

예를 들어 냉장고를 새로 구입하려고 할 때 냉장고의 사용 전력이나 모터의 힘, 냉동 기능 등을 비교해서 구입하기는 쉽지 않아요. 디자인도 다 비슷비슷하게 멋지게 나왔어요. 이럴 때 사람들은 자기가 좋아하는 연예인이 광고한 제품을 골라요. 뭐든 다 비슷하다면 이왕이면 하는 생각을 하는 거예요.

그런데 광고를 제작하는 데 드는 비용, 방송사에 광고를 하는 비용, 모두 다 큰돈이 들 텐데 이 돈은 어디서 날까요? 소비자들이 물건을 구입할 때 물건값에 광고비가 포함되어 있어요. 결국 내 돈으로 광고를 하고 있는 셈이네요.

교복 광고 모델은 누가 할까?

중고등학생 언니 오빠들은 자기가 좋아하는 연예인이 광고 모델로 나온 교복을 골라요. 그래서 교복 광고 모델로 누가 나왔는가를 보면, 지금 청소년들에게 가장 인기 있는 연예인이 누구인지 한눈에 알 수 있지요.

 ## 광고만 광고가 아니라고?

텔레비전에서는 광고 시간에만 광고가 나오는 것이 아니랍니다. 본 프로그램을 방영하고 있을 때에도 광고는 계속되고 있어요.

보세요, 예능 프로그램의 출연자들이 모두 운동복을 입고 있네요. 운동복을 입고 뛰는 모습을 계속해서 보고 있으니 그 운동복이 상당히 괜찮아 보이네요. '저건 어디 거야?' 궁금해질 때도 있어요. 어떤 사람은 그 운동복이 무척 마음에 들어서 구입하기도 하겠지요.

인기 연예인이 입고 출연한 옷이나 액세서리, 핸드백, 신발 등이 날개 돋친 듯이 팔리는 현상도 흔하게 볼 수 있지요. 어떤 연예인은 걸치고 나오기만 하면 그 제품이 동날 정도로 팔려서 '완판녀'라는 별명을 얻기도 했다네요. 이건 우연이 아니에요. 시청자들을 겨냥해서 의류 회사가 프로그램에 돈을 내고 협찬을 한 것이거든요. 이런 것을 '간접 광고'라고 해요.

간접 광고는 출연자가 입는 옷에만 하는 것은 아니에요. 가구, 전자 제품, 화장품, 음료수 등 온갖 제품에 다 하지요. 간접 광고는 직접 광고에 비해 돈이 적게 들 뿐 아니라 거부감도 적어서 좋은 효과를 보고 있다고 해요. 광고에서 대놓고 자기 제품이 좋다고 하면, "에이, 광고니까 하는 말이지." 하고 무시하던 사람들도 프로그램 속에 살짝 섞어서 광고를 하면 광고라는 것을 눈치채지 못하고 빠져들기 때문이라네요. 특히 유행에 민감한 10대들에게는 예능 프로그램이나 드라마의 간접 광고가 매우 효과가 있다고 해요.

영화 속에 등장한 초콜릿
간접 광고의 전설적인 성공 사례로는 영화 〈E.T.〉 속에 등장한 허쉬 초콜릿이 있어요. 영화에서 〈E.T.〉가 허쉬 초코볼을 먹는 장면이 나오는데 이 영화가 흥행에 크게 성공하자 상품 판매도 대박이었어요.

애니메이션에 숨어 있는 광고 전략

인기 애니메이션 뽀로로는 관련 캐릭터 상품을 개발해서 큰돈을 벌고 있지요. 뽀로로를 재미있게 보고 있는 내 동생은 애니메이션을 보고 있으면서 동시에 광고를 보고 있는 것이에요.

텔레비전에서 방영하는 애니메이션에도 광고 전략이 숨어 있어요. 로봇이 등장하는 애니메이션을 재미있게 본 어린이들은 방송 뒤에 이어지는 광고를 보며 그 로봇을 사 달라고 엄마 아빠를 조르지요.

옛날에는 주인공 로봇이 하나밖에 없었지만 이제는 주인공의 수가 많아졌어요. 주인공이 하나이면 로봇을 하나밖에 못 팔지만 주인공이 여럿이면 여러 개의 로봇을 팔 수 있으니까요. 얼마 뒤 애니메이션 속의 주인공 로봇이 모양을 바꾸며 진화해요. 여러 개의 로봇이 모여서 하나의 거대 로봇으로 합체되기도 하고요. 어린이들은 또 새로운 장난감을 사 달라고 조르게 되겠지요?

광고는 우리의 마음속을 연구해서 그 물건을 원하게끔 정교하게 만들어졌어요. 그래서 광고를 자꾸 보다 보면 그 물건이 갖고 싶어지게 돼요. 광고가 없었다면 세상에 존재하는지도 몰랐을 것이고, 없어도 사는 데 하나도 지장이 없었을 텐데 광고를 보면서 내 마음속에서 욕망이 자라나게 된 거예요.

착한 광고 이야기

브라질에서 제작된 장애인 스포츠 협회의 광고는 휠체어에 앉아 있는 장애인이 주인공입니다. 농구공을 들고 당당한 자세로 정면을 응시하고 있어요. 그리고 다음과 같은 말이 나옵니다.

"빌 게이츠는 하루에 15시간씩 앉아서 일합니다. 장애인 고용을 꺼리는 당신의 변명은 무엇입니까?"

장애인 고용을 촉구하는 광고입니다.

네덜란드에서 제작된 빈곤 퇴치 단체의 광고에는 슈퍼마켓에서 사 온 닭고기가 등장합니다. 그리고 이런 말이 따라오지요.

"이 닭은 동티모르 아이 한 명에게 필요한 약보다도 더 많은 양의 약(항생제)을 먹었습니다."

말라리아와 같은 질병에 시달리면서도 약 한 번 써 보지 못하고 죽어 가는 사람들에 대한 관심을 일깨우는 광고입니다.

이 광고들은 무엇을 팔기 위한 것이 아닙니다. 좋은 생각을 퍼뜨리기 위한 광고이지요. 광고란 원래 어떤 뜻을 사람들에게 널리 알리는 것이에요. 그러니까 좋은 뜻을 사람들에게 널리 알리고 있다면 착한 광고가 될 수 있지요.

6장

돈에는 책임이 따른다고?

돈에는 책임이 따릅니다. 돈을 쓰는 일은 다른 사람과 관계를 맺는 일이기 때문에 내 마음대로만 할 수는 없는 것이죠.
혼자서는 살 수 없는 세상, 함께 살기 위해 돈을 잘 쓰는 방법에 대해 우리 함께 생각해 보아요.

행운을 나누는 장터

미래 초등학교 4학년 1반의 7차 나눔 장터가 성공리에 끝났습니다. 4학년 1반 친구들은 중요한 일을 결정하기 위해 학급 회의를 개최했어요. 장터에서 모인 돈을 어떻게 쓸 것인가를 결정해야 했거든요. 장터에서 어떻게 돈이 모였을까요?

사실은 나눔 장터를 시작할 때 선생님께서 이런 말씀을 하셨어요.

"나눔 장터에서 물건을 교환하면 행운을 얻는 것입니다. 자기에게 필요 없는 물건을 내놓고 자기가 원하는 것을 손에 넣게 되니 나눔 장터는 원래부터 행운을 나누는 장터입니다."

그래서 4학년 1반 친구들은 자기의 행운이 감사하다고 느껴질 때 적은 돈이라도 학급 저금통에 넣기로 약속했어요. 그리고 그 뒤로 7차례의 나눔 장터를 열었습니다. 장터가 열릴 때마다 친구들은 자신의 행운에 감사하며 100원도 넣고 1,000원도 넣었지요. 푼돈을 집어넣으면서 그것이 모여 큰돈이 될 거라고 생각하지는 않았는데, 모아 보니 128,300원이나 되었어요.

"피자를 주문해서 학급 잔치를 열었으면 좋겠습니다."

"우리가 용돈을 합쳐서 놀이공원에 놀러 가면 좋겠습니다."

친구들은 저마다 즐거운 계획들을 꺼내 놓았어요. 이때 찬우가 말했습니다.

"우리는 아직 쓸 만하지만 내게는 필요 없어진 물건들을 교환하면 용돈을 절약할 수 있고, 지구 환경 보호에도 보탬이 될 수 있다는 생각에서 장터를 시작했습니다. 그러니 보다 돈을 잘 쓸 방법을 생각해 보면 좋겠어요."

찬우의 의견에 많은 친구가 뜻을 같이했습니다. 4학년 1반 친구들은 조사도 하고, 의논도 했습니다. 그래서 결론을 내렸지요. 식량이 부족해 어려움을 겪고 있는 북한 어린이들에게 밀가루를 보내는 캠페인에 그 돈을 보내기로 했습니다.

"우리가 피자를 먹고 싶은 마음을 한 번 참으면 북한 어린이들에게 좋은 선물을 할 수 있다니, 참 좋습니다."

상미가 말하자 진희도 맞장구를 쳤습니다.

"그동안 나눔 장터도 즐거웠지만, 이 일이 가장 즐거운 일이라고 생각합니다."

사방 백 리 안에 굶어 죽는 사람이 없게 하라

다음은 경주 최씨 큰 부잣집에 대대로 내려오는 가훈이랍니다.

> 과거를 보되 진사 이상의 벼슬은 하지 마라. 재산은 만석 이상 모으지 마라.
> 흉년에는 땅을 사지 마라. 사방 백 리 안에 굶어 죽는 사람이 없게 하라.

이상하지 않나요? 높은 벼슬도 하지 말고 재산도 너무 많이 모으지 말라는 것이 가훈이네요. 벼슬은 높을수록 좋고 재산은 많을수록 좋은 것 아닌가요?

흉년이 되면 농사를 짓는 사람들은 먹을 것이 없어 땅을 팔려고 합니다. 이때 싼값에 땅을 사들이면 큰 부자가 될 수 있겠지요. 하지만 땅을 판 사람들은 이후 계속 가난에서 벗어날 수가 없게 됩니다.

이럴 때 돈을 가진 사람이 땅을 사들여 더 많은 돈을 벌려고 하기보다, 자신의 창고에 있는 쌀을 풀어 가난한 사람들에게 나누어 준다면 사람들은 한때의 어려움을 이겨 내고 다음 해에 열심히 일을 할 수 있겠지요.

경주 최씨 집안의 가훈에는 다른 사람의 어려운 처지를 이용해 돈을 벌려고 하지 말고, 가난한 이들을 돕는 일에 힘쓰라는 깊은 뜻이 담겨 있어요. 이렇게 사회적으로 높은 지위에 있거나 돈이 많은 사람들의 책임을 강조하는 말로 '노블레스 오블리주'라는 말이 있답니다. 높은 지위와 많은 돈을 가진 만큼 그 사회에 살고 있는 사람들에게 더 많이 헌신하고 책임을 지라는 뜻이에요. 노블레스 오블리주를 실천하는 멋진 부자들이 많아진다면 세상은 더 살 만한 곳이 되겠지요?

노블레스 오블리주의 유래

고대 로마 시대 초기에는 귀족들이 봉사와 기부를 실천하는 것이 전통이었다고 합니다. 귀족들은 봉사와 기부를 의무인 동시에 명예로 생각했던 것이지요. 전쟁이 일어났을 때도 가장 앞장서서 참여하는 것을 당연한 것으로 받아들였답니다.

돈으로 모든 것을 해결할 수는 없다

송이네 반에서는 청소 당번일 때 청소를 안 하고 도망가는 친구들 때문에 학급 회의를 열었어요. 그 결과 청소를 안 한 친구들에게는 1,000원의 벌금을 내게 하기로 결정하였어요.

송이네 반 친구들은 청소를 잘하게 되었을까요? 1,000원의 벌금을 내기가 부담스러운 대부분의 친구들은 청소를 안 하고 도망가는 일 없이 청소를 잘하게 되었어요. 하지만 그 반의 민정이와 수미의 경우는 사정이 달랐습니다. 평소 용돈을 풍족하게 받는 두 명은 벌금을 내고 계속 청소를 빠졌어요. 게다가 다른

친구들이 왜 청소를 안 하느냐고 나무라자, 당당하게 이렇게 대답했지요.

"약속대로 벌금을 냈잖아. 뭐가 문제인데?"

어때요? 이 이야기를 듣고 화가 나요? 뭔가 문제가 있다고 느껴지지요? 많은 사람이 돈으로 모든 문제를 해결할 수 있다고 생각해요. 규칙을 지키지 않는 사람에게 벌금을 내도록 하면 될 것이라고 생각하지요. 하지만 송이네 반의 경우처럼 벌금을 내고 당당하게 청소를 빠지는 친구들이 생겨나기도 합니다. 결국 벌금을 부담할 만큼 용돈이 풍족하지 않은 친구들은 청소를 하고, 용돈이 풍족해서 돈으로 해결할 수 있는 친구들은 청소를 하지 않게 될 거예요.

세상에는 돈으로 해결할 수 있는 문제들이 많이 있어요. 하지만 어떤 문제는 돈으로 해결할 수 없어요. 양심, 책임감, 배려심과 같이 마음으로 해결할 문제를 돈으로 해결하려고 하면, 책임감 있게 행동하려고 했던 사람들은 화가 나거나 좌절하게 됩니다.

오토바이 과속 벌금이 1억 6천만 원

핀란드 기업 노키아의 부회장인 안시 반요키가 오토바이 과속으로 적발되어서 낸 범칙금이 얼마였는지 아세요? 116,000유로(우리 돈으로 약 1억 6천만 원)였다고 합니다. 유럽의 여러 나라들은 범칙금을 부과할 때 위반자의 소득과 재산을 고려해서 돈이 많은 사람에게는 많은 범칙금을 내도록 한대요.

가난은 누구의 책임일까?

가난한 사람이 가난한 것은 누구의 탓일까요? 많은 사람이 말해요. 어떤 사람이 가난한 것은 그가 게으르거나 능력이 없기 때문이라고요. 정말 그럴까요?

어떤 사람은 몸이 아프거나 장애가 있어서 일을 하지 못해요. 어떤 사람은 일을 하고 싶지만 일자리를 구하지 못해서 일을 하지 못해요. 어떤 사람은 일을 해서 돈을 벌고 있지만, 월급이 너무 적어서 늙은 부모님을 부양하고 자식들을 가르치려니 늘 생활에 쪼들려요. 이 사람들은 아무도 게으르지 않아요. 그럼 능력이 없는 걸까요?

동엽이는 자격증을 가진 요리사가 되고 싶어요. 하지만 집안 형편 때문에 요리를 정식으로 배우지 못하고 식당에서 허드렛일을 하고 있어요. 성민이는 열심히 돈을 모아 조그만 식품점을 차렸어요. 하지만 바로 옆에 대형 할인 마트가 들어서면서 손님들의 발길이 끊겨서 가게 운영이 어려워졌어요. 능력을 발휘하기 위해서는 능력을 발휘할 기회가 필요합니다. 하지만 가난한 사람에게는 그 기회가 쉽게 주어지지 않아요.

달리기 시합을 하는데, 철수는 50미터 앞에서 좋은 운동화를 신고 출발하고, 영미는 50미터 뒤에서 맨발로 출발합니다. 철수가 이 시합에서 이겼다고 해서 아무도 철수가 능력 있다고 말하지 않지요. 시합이 잘못되었다고 합니다. 마찬가지예요. 가난한 사람이 가난한 것은 출발선이 달랐기 때문이에요.

빈부 격차는 심각한 사회 문제

잘사는 나라에도 가난한 사람은 있습니다. 잘사는 사람과 못사는 사람 사이의 격차는 어느 사회나 안고 있는 심각한 문제입니다. 이 격차가 큰 나라 1위는 홍콩, 2위는 싱가포르, 3위는 미국이라고 합니다. 우리나라는 16위라네요. (유엔개발기구 2009년 기준)

모두가 행복한 나라를 꿈꾸며

돈을 많이 번 사람은 그 자체로 행운이지요. 본인이 열심히 일을 해서 돈을 번 것은 사실이지만, 이 세상의 수많은 사람과 맺은 인연 덕분이기도 해요. 만약 혼자 살고 있는 세상이라면 그 돈들이 다 무슨 소용이겠어요? 그러니 다른 사람을 위해 자신의 행운을 나누는 일이 필요한 것이지요.

그래서 우리 사회는 돈을 많이 버는 사람은 세금을 많이 내도록 정해 놓았어요. 이렇게 모인 돈으로 정부는 여러 가지 일을 해요. 우리 사회에 살고 있는 많은 사람이 더 인간답게, 더 행복하게 살 수 있도록 하는 일을 합니다.

일자리를 잃은 사람에게 생활비를 보조해 주고, 아픈 사람에게는 치료비를 보조해 줘요. 나이가 많아 더 이상 일을 할 수 없는 사람에게 연금을 지급하는 일도 하지요. 이런 것을 '사회 복지 제도'라고 하고 사회 복지 제도가 잘 갖추어져 있는 나라를 복지 국가라고 합니다.

누구나 가난해질 수 있고, 누구나 일자리를 잃을 수 있어요. 누구나 아플 수 있고, 누구나 늙어요. 누구에게나 닥칠 수 있는 어려움을 혼자의 힘이 아니라 사회 전체의 힘으로 해결해 가는 나라가 바로 복지 국가입니다.

기부를 통해 더 행복해지기

기부란 자기 돈이나 재능을 다른 이들과 나누는 일이에요. 우리나라는 이미 세계에서 손꼽히는 경제 대국이 되었지만, 기부 문화는 아직 걸음마 단계입니다. 2010년 영국 자선 구호 재단과 여론 조사 기관 갤럽이 함께 조사해 발표한 '2010년 세계 기부 지수'에 따르면 한국은 조사 대상 153개국 가운데 탄자니아와 함께 공동 81위에 올랐어요. 스리랑카가 8위, 라오스와 시에라리온이 공동 11위인 점과 비교하면 우리나라의 기부 지수는 턱없이 낮은 순위라고 할 수 있죠.

빌 게이츠나 워렌 버핏 같은 세계의 유명한 부자들이 천문학적인 큰돈을 기부하여 화제가 되고 있는 것과는 달리, 우리나라의 부자들은 기부에 인색한 모습을 보여 주고 있어요.

하지만 희망이 없는 것은 아닙니다. 우리 주위에는 넉넉하지 않은 형편에도 불구하고 자신이 가진 작은 것이라도 다른 사람과 나누고자 하는 사람들이 많이 있기 때문이에요. 평생을 김밥 장사를 하며 모은 돈을 장학금으로 선뜻 내놓은 김밥 할머니부터 한 푼 두 푼 모은 저금통을 들고 불우 이웃 돕기 모금 현장으로 향하는 어린이들이 우리의 희망이지요.

웅진주니어

어린이 행복 수업 1 **경제**

돈이 많으면 행복할까?

초판 1쇄 발행 2013년 2월 27일
초판 13쇄 발행 2023년 9월 1일

글쓴이 박현희 | 그린이 김민준 | 디자인 달뜸창작실
발행인 이재진 | 도서개발실장 안경숙 | 편집인 이화정 | 책임편집 손자영 | 기획·편집 이해선
마케팅 정지운, 박현아, 원숙영, 신희용, 김지윤 | 제작 신홍섭

펴낸곳 (주)웅진씽크빅
주소 경기도 파주시 회동길 20 (우)10881
문의전화 031)956-7403(편집), 031)956-7069, 7569(마케팅)
홈페이지 www.wjjunior.co.kr | 블로그 blog.naver.com/wj_junior
페이스북 facebook.com/wjbook | 트위터 @wjbooks | 인스타그램 @woongjin_junior
출판신고 1980년 3월 29일 제406-2007-00046호 | 제조국 대한민국

글 ⓒ 박현희 | 기획 ⓒ 이해선 2013(저작권자와 맺은 특약에 따라 검인을 생략합니다.)
ISBN 978-89-01-15512-8 | 978-89-01-15511-1 (세트)

웅진주니어는 (주)웅진씽크빅의 유아·아동·청소년 도서 브랜드입니다.
이 책은 저작권법에 따라 보호받는 저작물이므로 무단전재와 무단복제를 금합니다.
이 책 내용의 전부 또는 일부를 이용하려면 반드시 저작권자와 (주)웅진씽크빅의 서면 동의를 받아야 합니다.

잘못 만들어진 책은 바꾸어 드립니다.
※주의 1_책 모서리가 날카로워 다칠 수 있으니 사람을 향해 던지거나 떨어뜨리지 마십시오.
      2_보관 시 직사광선이나 습기 찬 곳은 피해 주십시오.
웅진주니어는 환경을 위해 콩기름 잉크를 사용합니다.